汉字发展简史

◎ 主编　金开诚

◎ 编著　王丽晶

吉林出版集团有限责任公司

吉林文史出版社

图书在版编目（CIP）数据

汉字发展简史/王丽晶编著．—长春：吉林出版
集团有限责任公司，2011.4（2022.1重印）
ISBN 978-7-5463-4961-9

Ⅰ.①汉… Ⅱ.①王… Ⅲ.①汉字－汉语史 Ⅳ.
①H12

中国版本图书馆 CIP 数据核字（2011）第 053366 号

汉字发展简史

HANZI FAZHAN JIANSHI

主编/ 金开诚　　　编著/王丽晶

项目负责/崔博华 责任编辑/崔博华 邱 荷

责任校对/邱 荷 装帧设计/柳甬泽 张红霞

出版发行/吉林文史出版社　吉林出版集团有限责任公司

地址/长春市人民大街4646号　邮编/130021

电话/0431-86037503　传真/0431-86037589

印刷／三河市金兆印刷装订有限公司

版次/2011 年 4 月第 1 版　2022 年 1 月第 6 次印刷

开本/650mm×960mm　1/16

印张/9　字数/30千

书号/ISBN　978-7-5463-4961-9

定价/34.80元

前 言

文化是一种社会现象，是人类物质文明和精神文明有机融合的产物；同时又是一种历史现象，是社会的历史沉积。当今世界，随着经济全球化进程的加快，人们也越来越重视本民族的文化。我们只有加强对本民族文化的继承和创新，才能更好地弘扬民族精神，增强民族凝聚力。历史经验告诉我们，任何一个民族要想屹立于世界民族之林，必须具有自尊、自信、自强的民族意识。文化是维系一个民族生存和发展的强大动力。一个民族的存在依赖文化，文化的解体就是一个民族的消亡。

随着我国综合国力的日益强大，广大民众对重塑民族自尊心和自豪感的愿望日益迫切。作为民族大家庭中的一员，将源远流长、博大精深的中国文化继承并传播给广大群众，特别是青年一代，是我们出版人义不容辞的责任。

本套丛书是由吉林文史出版社和吉林出版集团有限责任公司组织国内知名专家学者编写的一套旨在传播中华五千年优秀传统文化，提高全民文化修养的大型知识读本。该书在深入挖掘和整理中华优秀传统文化成果的同时，结合社会发展，注入了时代精神。书中优美生动的文字、简明通俗的语言、图文并茂的形式，把中国文化中的物态文化、制度文化、行为文化、精神文化等知识要点全面展示给读者。点点滴滴的文化知识仿佛颗颗繁星，组成了灿烂辉煌的中国文化的天穹。

希望本书能为弘扬中华五千年优秀传统文化、增强各民族团结、构建社会主义和谐社会尽一份绵薄之力，也坚信我们的中华民族一定能够早日实现伟大复兴！

目录

一、汉字的起源

文字的创作是我们的祖先经过极其漫长的岁月探索出来的。在汉字尚未出现之前，人与人之间的交流较少，也没有形成一定规模的交际网，因此，文字对于当时的人来讲，没有多大的作用。随着原始部落的形成，人们生活越来越复杂，对交往的需求不断增多，本部落内部需要记载发生的大事以便被后人知晓，部落之间的沟通也逐渐频繁，于是人们开始创建一些符号，用以记事。这

就是早期的文字。

文字的产生是人类进入文明时代的标志。汉字是人们交往的工具，也是记录文献、传承文化的工具，同时，汉字的产生也扩大了人们交流的范围。汉字是人类现存的最为古老的文字之一。它的产生同其他语言有共同的特征，但作为民族文化的代表，汉字也有自身的个性。由于产生时代过于久远，现今的学者已经无法追溯到汉字起源之初，后人只能通过考古发现对汉字产生的时代及原因进行推测。民间也流传着有关汉字崛起的传说。概括起来有结绳记事说、刻契说、八卦说、仓颉造字说等，在以下的文章中，我们将逐一介绍。

（一）结绳记事说

结绳记事是指在远古时期，人们用在绳子上打结的方式来记事。据民俗家、人类学家的考证，结绳记事是原始民族记事的主要方式之一。这种方式至今在我国藏族、高山族、独龙族、哈尼族中仍存有一些痕迹。此外，古埃及、古日本、古波斯都曾有过结绳记事的习俗。近代美洲、非洲、大洋洲的土人也有此习俗。

老子提倡毁掉"现有"文明，回到原始时代，其中就有消除文字，回到结绳记事之时。可见老子时期的人们认为文字产生于结绳。《庄子》也记叙了有关内容。《周易·系辞传》中说："上古结绳而治，后世圣人易之以书契。"这不仅指出了当时人们对结绳的看法予以肯定，同时也引出了我们在下节所讲的"契刻说"。另外，东汉许慎《说文解字·叙》中指出："及神农氏结绳为治，而统其事。"可见结绳记事存在于神农时代。根据以上有关"结绳"的记载，我们大致可以推断："结绳"是战国时期盛行的传说，或是远古流传下来的习俗。

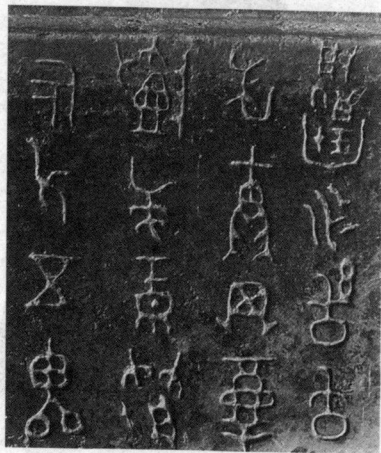

结绳的方法，在中国古代文献的记载中并不多见，郑玄的《周易注》："结绳为约，事大，大结其绳；事小，小结其绳。"简单地说，古代结绳不是一件容易的事。要先取一根木棒（也有人说用一条主绳），在上面系上各色长短不一的绳子，每种颜色代表不同的意义。黑色代表死亡；白色代表银子或和睦；红色代表军事及兵卒；绿色代表谷物；黄色代表黄金等。另外，对于绳子的结法也是多种多样，各种结法可以表示不同的数目。这种打结的方式与后世的金文形体有一定的联系。例如：单结表十数（"十"金文写作"✦"），双结表二十（"廿"金文写作"✇"），三个结表三十（"卅"金文写作"✇"）等。从上面几例中，我们可以推测出当时人们把对于数目的概念抽象地记在绳子上。有记载说，古人记数用手指为工具，如果十个手指不够，又得避免记录失误，就要依赖于绳子或草茎

打个结来表示十，久而久之，"十进制"就形成了。在古代，每个城市都设立结绳官，用绳结记事。

人们认为结绳是文字的起源，是因为结绳的功能与文字的功能是一致的。都作为记录的辅助工具。少部分事情我们可以记录在大脑中，但每时每刻都有事物产生与变化，加之人脑的记忆空间有限，就不得不寻找另一种辅助记忆的工具，于是结绳与文字便产生了。我们可以看到，结绳存在的年代相当久远，它的记录功能十分有限，即使它可以有不同的颜色，不同的打结方式，它仍无法反映世间万千的变化，因此结绳的记

录功能较弱。

有一点我们必须强调的是，结绳只是作为记录的工具，它并不是真正的文字，尽管有少数数目字可能来源于结绳，但这种现象并不普遍。我们不能以偏概全，不过毫无疑问的是，结绳必定是推动汉字产生的重要条件之一。它作为一种视觉符号已经具有了文字的雏形，因此，把"结绳记事"作为文字产生的根源之一是有一定历史依据的。

（二）刻契起源说

刘熙《释名·释书契》中说："契，刻也，刻识其数也。"《王力古汉语字典》中对

"契"字有如下解释：古代在龟甲兽骨上灼刻文字，其灼刻文字的工具也叫"契"。刻契，就是在竹木上做些缺口，用缺口的多少来表示财富的多少。刻契产生于文字之前，主要分为两种：一种是主事人自己持有的用以计数；另一种是将竹木一分为二，双方各持其一，并以齿缝的相互吻合作为验证。对于这一点，古书中有多处记载。如郑玄注《周礼》时有这样一句解释："书契取予事物之券也。其券之象，书两札，刻其侧。"《列子·说符》中有："宋人有游于道得人遗契者，归而藏之，密数其齿，告邻人曰：吾富可待矣。"正如以上所述，契上的齿越多，其财富越多。这种木契应用范围极广，保持时间较长，在少数民族中也可见到。清代陆次云的《峒溪纤志》指出："木契，是以刻木为符号，记录时间的。苗人虽然有文字，但不能都学会，因此，每当有事情发生，就在木上刻记号以记录，用

来作为承诺兑现的标志。"

在古代陶器上所发现的刻画符号,学者们称其为陶符。远古陶符上有关于数字式简单刻画的记载,不仅出现在仰韶文化陶器上,在大汶口文化陶器上和商代陶器上也出现了类似的图画。据中国田野考古报告集《西安半坡》的编者们推测"这些符号可能是代表器物所有者或器物制造者的专门记号。这个所有者可能是氏族、家庭或个人。这一假设的证据是后来我们发现多种类同的符号,出于同一窑穴或同一地区"。大多数陶符

都是由简单线条组成，一般每一件器物只刻一个符号，并且位置较固定。陶符虽然不能成为社会通用的语言，但它作为一种记事符号，对于人们的记忆起到了重要的作用。刻契这种方式，也许是古文字书写的形式之一。古人这种刻契方式，有可能是后世青铜器文字、竹简文字的前身。由此看来，刻契对于汉字发展的作用远远大于结绳。

（三）八卦说

八卦相传是由庖牺氏（伏羲氏）所创。许慎《说文解字·叙》云："古者庖牺氏之王天下也，仰则观象于天，俯则观法于地，视鸟兽之文与地之宜，近取诸身，远取诸物，于是始作八卦，以垂宪象。及神农氏，结绳为治而统其事，庶业其繁，饰伪萌生，黄帝之史仓颉，见鸟兽蹄之迹，知分理之可相别异也。

初造书契，百工以乂，万品以察，盖取诸'夬'。"依许慎之说，八卦早于结绳。由此文字得以流传。"卦"的本字为"圭"，偏旁"卜"，是古代占卜的符号。到了黄帝时，史官仓颉才造了书契。《说文》中有"圭从重土"，马叙伦认为庖牺氏在作卦时，是用抟土的方式做的。八卦共有八种符号。

八卦有与卦名相对的卦形歌：乾三连，坤六段，震仰盂，艮覆碗，离中虚，坎中满，兑上缺，巽下断。周文王时期，

将八卦中的任意两卦相结合，演绎成
六十四卦。占卜时，用四十九根蓍草茎，
按《周易·系辞传》中的法则进行演算，
结果只有六、七、八、九四种。得六称老阴；
得七称少阳；得八称少阴；得九称老阳。
演算三遍得一卦，演算六遍可得一重卦。
再根据卦象分析，结合《易经》便可占卜
吉凶。

　　八卦这些符号，是形、音、义的结合，
与文字的三要素相符合，因此，有人认
为汉字起源于八卦。近人刘师培视八卦
为文字之始祖，实则八卦的演变与汉字
没有直接关系。但八卦的确传达了古代

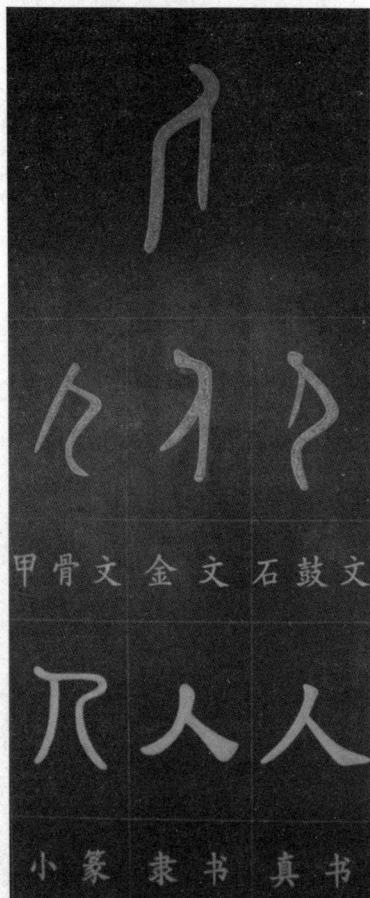

计算方式，是古代的计数工具。现在发现的商周时期的八卦便是以计数符号构成的。所以有学者认为八卦与数字符号都来源于古老计数法。后世将八卦应用于学习中。例如有这样一个谜语"兔吞山"，谜底为"卿"。这里的"兔"是用了十二地支中的"卯"来代表，而"山"则是用了八卦中"艮"的卦象，因此该谜语实是"卯吞艮"，所以谜底为"卿"。

（四）仓颉造字说

关于汉字的创造者，"仓颉造字"是旧时最为流行的说法。传说仓颉是黄帝的史官，有四只眼睛，因此有敏锐的观察力。他看到天、地以及鸟兽的足迹萌生了造字的想法。据古书记载：他的行为感动了上天，上天向地上赐予了大米和白面，吉祥幸福连连降临。仓颉造字之说最早见于战国时《世本·作篇》："沮诵、仓颉作书。"关于"沮诵"，有人认为是官名或是人名。我们现在无从知晓，但仓颉造字从此便流传开来。《韩非子·五蠹》《淮南子·本经训》及东汉许慎的《说文解字·叙》中都有记载。

对于仓颉是否是文字的创始人，历来学者比较一致地认为：文字不可能是一个人创造的，它必是人们在长期的社会生活中随着交流、生产的需要逐渐产生的。如果文字是由仓颉一人所造，就没有必要将一个字造出多种意思，也不用同时造出几个字来表示同一个意思。古代异体字的存在也就说不通了。其实，上古并没有"仓颉"二字，所以仓颉的由来可能是后世人为传说中的人物取的名字。正如"燧人氏"是钻木取火的创始人；"神农氏"是最早进行农业生产的人。有学者研究，上古音中，"颉"与"契"音近，因此推测"仓颉"就是"创契"之意，也就是后世人对创造文字的人的称呼。

还有另一种说法是，在仓颉造字之前，文字就已经存在了，仓颉是在已有文字的基础上对文字进行总结、整理。《荀子·解蔽篇》说："好书者众矣，而仓颉独传者，一也。"意思是喜欢写字的人很多，只有仓颉一人将汉字进行记录与整合，以传于世，方便后人使用。由此，百姓所说的仓颉造字，是指仓颉对汉字的搜集整理。由于当时尚不文明，通晓汉字的人并不多，而仓颉作为史官，工作中接触汉字较多，又对文字有所了解，才有机会和实力来整理汉字。

仓颉造字说如今已被学术界否定，认为这不过是一个传说而已，又因为文字对人类社会的贡献很大，于是人们也将仓颉的形象神话了。可以肯定的是文字不可能是一个人创制的，因此，仓颉造字说是不准确的，但仓颉对文字进行整理，对文字做出很大贡献是有可能的。

（五）有关汉字的考古发现

汉字的真正起源，必须要有史料证

实才行。之前的那些传说，还没有得到确证。我们对汉字产生的原因和背景曾一度模糊，直到考古学家在地下发现了几千年前的龟甲兽骨，对汉字的起源才有了进一步的认识。

甲骨文的发现有一个故事。清光绪年间，国子监祭酒王懿荣得了疟疾，中医给他开了个药方，说只有将"龙骨"捣碎服用，才能治好病。这里的"龙骨"指埋在地下的动物骨头。于是家人到集市上买来这种骨头给他做药。有一天，王懿荣无意中发现了这些骨头上有花纹，于是就请来寄居在自家的文字研究者刘鹗共同研究，一致认为这是古代的文字。当然，这不过是一个故事。据说甲骨文的真正发现者是山东一个叫范维卿的人，他做古董生意，发现这些甲骨后，将它们送给王懿荣。甲骨确实是由王懿荣和刘鹗整理的，后来刘鹗经过多方收集，潜心研究，终于写成了《铁云藏龟》（铁云是刘鹗的字），从而揭开了汉字起源的神秘面纱。甲骨文的年代大约在三千三百多年前的殷商时代，由于这时的甲骨文已经是比较系统的文字，

显然不在造字之初。从原始文字演变到甲骨文必定经历了相当漫长的岁月，只是这些文字的原型还没有被考古学者们发现。因此，可以说汉字产生在殷商初期或更早。对于文字的源头是否出现在距今六千多年的远古时期，学术界仍有争议。

1994 年，考古学者们在宜昌杨家湾发现了一些刻在陶器上的符号，经研究这些符号是距今约六千年前新石器时期留下来的。这些符号记载了人们生活中的事物，有一定的规则。从字体上看，

与甲骨文非常接近，因此，专家们认为这是目前发现最早的象形文字。这一发现，又将汉字的起源向前推进了三千多年。

不过汉字的起源问题研究至今，远没有结束，因为汉字起源年代会随着我们考古工作的进展而不断向前推移。具体推移到什么时候，我们是无法预测的。

二、汉字字音的发展变化

（一）基本术语

由于时代的不同，在研究古音的过程中，难免会遇到生僻的词语阻碍我们的前进，要想掌握汉字语音的发展历程，了解相关术语是十分必要的，这样才能保证我们在初步探索汉语语音发展的道路上畅通无阻。下面我们将简单介绍一些汉语语音术语。

1. 送气：在语音学史上又称"吐

气"，发音时，口腔解除障碍后有一股较强的气流冲出，以这种方式发出的音叫送气音。用"'"作为标记。例如：P[P']。

2. 带音：发音时声带颤动的音叫带音，不颤动的音叫不带音。带音也叫浊音，不带音叫清音。

3. 纽：又叫声母或声纽，纽是"枢纽"之"纽"。

4. 字母：是声纽的代表字。现在我们分析语音可以用汉语拼音或国际音标，但在古代并没有这样的工具，因此创造出字母。例如要分析"帮、边、不"等字，这些字的声母都是"b"，但那个时候没

有 "b" 这种表达方式, 于是从众多以 "b" 为声母的字中选出一个 "帮" 字为代表, 这些字就是 "帮母字"。

5. 三十六字母: 是中国传统音韵学中的概念, 据说是唐末的和尚守温制定的, 人称 "守温三十六字母", 用来代表

清浊部位		全清	次清	全浊	次浊	现代汉语发音部位
牙音		见	溪	群	疑	舌根音
舌音	舌头	端	透	定	泥	舌尖中音
	舌上	知	彻	澄	娘	舌头后音
唇音	重唇	帮	滂	并	明	双唇音
	轻唇	非	敷	奉	微	唇齿音
齿音	齿头	精心	清	从邪		舌头前音
	正齿	照审	穿	床禅		舌叶音
喉间		影	晓	匣	喻	舌根音、半元音、零声母
半舌					来	边音
半齿					日	鼻齿音

当时语音系统中的三十六个声母，但不是十分可靠。后来刘半农在敦煌卷纸中发现了一份音韵学残卷，证实守温只创了三十个字母，另外六个是北宋人加的。因此三十六个字母是宋代的声母数量。

6. 韵部：古韵学家把古代韵文押韵的字分成类，每类叫一个韵部。上古韵部严格地说不等同于现代的韵母，只要韵腹和韵尾相同就可算同一韵部。吴棫把古韵分为 9 部；郑庠把古韵分为 6 部；段玉裁把古韵分为 17 部；章太炎把古韵分 23 部；黄侃把古韵分为 28 部；王力把《诗经》时代的古韵分为 29 部，把《楚辞》

时代的古韵分为 30 部，学术界认为 30 部较合适。这三十部分别是之部、职部、蒸部、幽部、觉部、冬部、宵部、药部、侯部、屋部、东部、鱼部、铎部、阳部、支部、锡部、耕部、脂部、质部、真部、微部、物部、文部、歌部、月部、元部、缉部、侵部、叶部、谈部。

7. 阴声韵：上古音韵中，以元音收尾或无韵尾的韵部叫阴声韵。之部、幽部、宵部、侯部、鱼部、支部、脂部、微部、歌部属于阴声韵。

8. 阳声韵：上古音韵中，以鼻音为韵尾的韵部叫阳声韵。蒸部、东部、冬部、

阳部、耕部、真部、文部、元部、侵部、谈部是阳声韵。

9. 入声韵：上古音韵中，以塞音收尾的韵为入声韵。职部、觉部、药部、屋部、铎部、锡部、质部、物部、月部、缉部、叶部为入声韵。

10. 谐声偏旁：是指形声字的声符，代表了这个字构成时的声母古音特点，凡同谐声偏旁的声母必定相同。如"何"的声符是"可"，因此上古时期"何"应该与"可"字同音。

11. 声训：是用音同或音近的词来解释词义，循着声音线索推求词义联系，同时探求语源，产生于先秦。

12. 异切：是指反切以后出现的标音现象，指同一个字不用同一种方法进行反切。例如"眉，目悲切"。也有材料

上标为"眉，武悲切"。

13. 入声：以塞音（p、t、k）结尾的音，发音时声音短促，塞音只有成阻阶段，而不爆破。如"若"，上古读音为"zep"；"漠"，上古读音为"mop"等。

14. 唇音：相对于声母而言，是指发音时从双唇或唇齿之间发出的音，古时双唇音叫重唇音，唇齿音叫轻唇音。如 b、p、m 属于双唇音（重唇音），f 属于唇齿音（轻唇音）。

（二）汉语语音的变化

汉字语音的发展不像字形的研究那样直接，因为古代的人们已经逝去了，而在当时又没有先进的技术设备，无法将语音记录下来，语言学家们只能通过对各种材料的收集，来寻找语音发展的规律。语言学家把汉语语音发展分成四个阶段，分别是上古时期（晋代前）、中古

时期（北宋前）、近古时期（清代前）和现代（清后至今）。

1. 声调的变化

上古的汉语声调与今天的声调有很大不同，经过几千年的发展，声调发生了规律性的变化。上古声调分为平声、上声、长入声和短入声，中古时期的声调分为平声、上声、去声和入声，均与现代汉语的声调系统不同，现代汉语的声调分为阴平、阳平、上声和去声。这种变化之间有什么规律可循呢? 我们在读古诗词或文言文时，发现很多应该押韵的地方，今天读起来，却不符合韵律。语言学家们发现，上古的短入声到了中古时期仍为入声，而长入声则脱落了入声韵尾变成了中古的去声。如"木"，上古为长入声字，标音为"mup"，到了中古则为去声。现代汉语语音系统将上古和中古的平声分为阴平和阳平两部分。阴平声主要来源于古清声母平声字；阳平来源于古浊声母平声字；上声来源于古清声母上声字和不封浊声母上声字（声母是边音l、鼻音m、n、ng和零声母的阳上字）；去声来源于其他浊声母上声字和古去声字；中古时期的入声，到了现在已经不存在了，现代汉语语音系统将上古和中古时期的入声完全归入了今天的阴平、阳平、上声、去声之中，这就是所谓的"平分阴阳，入派四声"。

2. 发音的变化

（1）古无轻唇音

古无轻唇音是清代汉学家钱大昕提出的。钱大昕，一字晓徵，号辛楣，又号竹汀，晚年自称潜研老人，清代的史学家、汉学家。乾隆时期曾授皇十二子书，与纪晓岚并称"南钱北纪"。晚年病退官场，归隐田园，潜心研究，治学严谨。钱大昕在他的著名的读书笔记《十驾斋养新录》中提出"凡轻唇之音，古皆读为重唇"。古时声母有清浊之分，古无轻唇音是指没有像"f"一样的清音轻唇音和像"v"一样的浊音轻唇音。在上古声母系统中，轻唇分别归入重唇，即凡属声纽"非、敷、奉、微"的汉字应归入"帮、滂、并、明"之中。

例1：背与负。背与负是同源词，由于背东西的"背"与负重的"负"同义，引申为背叛的"背"与负心的"负"同义。据钱大昕推论，古代没有"fu"的语音，"负，读如背"。

例2：并与方。方，并头船也，两船并在一起叫"方舟"；两车并在一起叫"方轨"。方与并同源，古时"方"应读作"并"。

例3：旁与房。古时人们有将"阿房宫"误写作"阿旁宫"的现象，今天我们将"阿房宫"中的"房"读作"páng"，因为上古时期没有"fáng"的读音，这也是钱大昕发现"古无轻唇音"的关键。

另外还有古读"弗"如"不"，古读"奉"如"帮"等。

研究古无轻唇音还可以从形声字入手。清代著名学者段玉裁提出"同谐声者必同部"，意思是说上古形声字（谐声

字）同声符的读音一定相同，然而今天我们读起来可能就与先前不同。例如：以"方"为声符的字有"旁、榜、彷、磅、滂、防、放、房、仿、芳、纺、访"等，这些都属同一声符"方"，而声母分为三种：第一种为"f"；第二种为"b"；第三种为"p"。第一种属于轻唇音，后两种属于重唇音，但在上古时期他们的读音是相同的。这种现象在一些南方方言中尚有保留，比如吴方言的典型代表上海话就存在将"孵"读作"bu"等情况。

（2）古无舌上音

这一重要理论也是钱大昕提出的。古代的舌上音究竟如何去读，现在已经

无从考证，但可以肯定的是舌上音与今
天的现代汉语中舌尖后音相似，因为现
代的舌尖后音来源于此。用三十六字母
来表示为"知、彻、澄"（"娘"的问题
将在下面的文章单独谈），在吴方言中
保留了痕迹。吴方言中"澄"字的声母
为"s"。舌上音出现在中古时期，它来
自上古的舌头音，也就是今天的舌尖中
音，用音韵学的声纽来表示为"端、透、
定"（"泥"的问题与"娘"一起谈）。其
中"端""透"属于清音，"定"属于浊音。
上古的舌头音经过几千年的发展，形成
了两个分支，一部分发展成今天的舌尖
中音；一部分逐渐演变成现代汉语中的

"zh"和"ch"。

例1：猪与都。古时读猪（zhū）如都（dū），但我们不难发现猪与都声旁均为"者"。说明"者"字上古读音应该与"都"相同。

例2：澄。澄的声母为"登"，属于定母。

例3：瞪。声母为"堂"，属于透母。

例4：春。小篆字体为𣊰，从"屯"得声。

研究古无舌上音也可以从形声字中得到经验。例如：澄、橙、瞪、蹬、凳、磴的声符都是"登"，上古时读音应该与"登"相同。后来一部分发展成为舌上音，发展成"cheng"的音；一部分仍保留原

来的舌头音"deng"。另外，今天的闽方言中还保留古无舌上音的例证，闽方言中"朝"被读为"diɑo"，"抽"被读为"tiu"等。

（3）娘日二纽归泥

这一理论的最早提出者为章太炎。章太炎，即章炳麟，出身于书香门第，博览群书，通晓古今，对文字学、音韵学见解独到。撰写了《古音娘日二纽归泥说》《古双声说》等音韵学方面的文章。娘日二纽归泥的意思是上古音韵系统中没有娘、日两个声纽，后来属于这二纽的字应来源于泥纽。这是对钱大

昕的"古无舌上音"的发展。他说："古音有舌头泥纽,其后支别,则有舌上娘纽,半舌半齿有日纽,于古皆泥纽也。"后王力认为,娘纽归泥是对的,至于日纽归泥的问题还有待商榷。

例1:耐与能。上古音韵系统中"而"与"能"同音,耐从"而"得声。

例2:汝与女。汝的声符为"女",上古时期应与女同音。

(4)喻三归匣,喻四归定

这是清代学者曾运乾提出的。他曾以考古、审音闻名,对声母的研究贡献尤为突出。撰写了《喻母古读考》《切韵五声五十一纽考》等。《广韵》中的反切将喻母分成两类，一类是云类，只能与三等韵相拼，称为喻三；另一类是以类，与四等韵相拼，称为喻四。喻三在上古时期与匣母（现多读为 h）相通，在现代方言区仍保有印记，足以证明"喻三归匣"是正确的，但"喻四归定"的说法存在争议，有些问题用这种说法还无法解释。

例1：营与环。古代营读如环，《韩非子》中"自营为私"，《说文解字》引用后写为"自环为私"。

例2：于与乎。古文中介词于和乎用法相同，读音相同，两个字是同一个词。

例3：夷与弟。上古时期，夷读如弟，"匪夷所思"也有写作"匪弟所思"的。

例4：姨与弟。《释名》中说妻之姊妹为姨，姨，弟也（次第的意思）。说明姨与弟同源。

例5：余与荼。荼以"余"作声符，

说明上古时期二字的读音相同，余读如荼。

此外还有笛，声符为"由"；淡，声符为"炎"；通，声符为"甬"；悦，声符为"兑"等。

（5）照系二等归精系

这个理论最早是由语言文字学家黄侃提出的，后来钱玄同转述了这一观点。《广韵》反切把照系声母分为两类，庄类只与二等韵相拼，称为照二；章类只与三等韵相拼，称为照三。黄侃认为精系和照二在形声字中往往同一，也经常在异文中遇到。但黄侃并没有弄清真正归并的原因。照系二等字归精系是指照系中照、穿、床、审的二等字庄、初、床、山分别归并为精、清、从、心，三等照、穿、神、审、禅归入端、透、定。三等归端、透、定的说法经过学者们的研究认为存在问题，目前学术界认为照三的来源非常复杂，出现在端、透、定中的只是一部分，而不是全部，因此这种说法还要进行进一步研究。

例1：则与测。测以则为声符，中古时音应该相同，而则属精系字，测属于照系二等字。

例2：组与阻。均以且为声符，而组属于中古精系字，阻属中古照系二等

字。

例 3：洒。在《广韵》中有两种反切方法，一是先礼切；二是所卖切。前者是中古精系字，后者是中古照系二等字。

（三）标音方式的演进

早期的汉字造字法主要有象形、指事、会意等表意方式，但这种方式只能见字知义，而无法读出汉字的声音，随着交往的深入发展，这种造字方式的不足越来越明显，于是产生了形声字、假借字等。假借虽然能用一个字表示另一

个字的读音，但是，还存在一些弊端，
例如要给一个字注音必须先认识注音字，
而且有的时候注音字的读音本身不确定，
这给注音工作带来了一定的麻烦。形声字
不仅能表示字的意义，同时也能使人见
字知义，因此，形声这种造字方式逐渐
赢得大家的青睐，并发展成为主流，使
汉字在发展过程中逐渐由形意字向意音
字发展。

对于汉字的标音大约可以分为几种：
譬况发音、读若、直音法、反切、注音

字母和汉语拼音方案。下面我们对每一种方法进行简要的分析。

1.譬况发音

譬况发音是上古的一种标音方式，是用描述性的语言来说明一个字的发音方法。譬，喻也，使人通晓之意。这种方法是众多标音方法中最难懂、最复杂的一种。描述的方式可以有很多种，可以描述发音部位；可以描述发音时口型；可以描述声调的长短；可以描述吐气状况等等。但这种方法只能简单描述发音状况，而不能精确地表明字的读音，这样描述只能使读者了解大概情况，有时还会令人费解。《公羊传》中有一句话："春秋伐者为客，伐者为主。"显然两个"伐"不是同一个含义，注释为"伐人者为客，读伐长言之……见伐者为主，读伐短言之"。即两个不同意义的"伐"字由读音的长短来区分，并不能达到精确的程度。

2.读若

　　读若是上古时期应用极为广泛的注音方法，是介于譬况和直音法之间的一种注音方式。汉代还没有反切，因此遇到难辨识的字就用读若标明。但读若需要读者认识用来标记的字，如果不认识就无法达到目的，如橘，读若樊。而且同音者并不多，有时只能用音近的字来代替，不十分准确，如褫（chǐ），读若池（chí）。许慎的《说文解字》中有很多字用了这种方式，有的接近于直音。此外，在《说文解字》中还有用方言来标音的，也有用俗语标音的。"读若"在有的书中写作"读如"，用法与读若相同。后来又出现

了"读为""读曰"，但后两者是用来标明古今字和通假字的。读若法用一个字标音改变了譬况法描述发音的方式，易于读者掌握，是注音方式的一大进步。

3.直音法

直音法是指直接用一个字标记另一个字的读音的方法，大约产生于东汉末年。《汉书》中使用过这种方式。直音法与读若法多有相似，都是以一字注一字，而最大的区别，也是直音进步的表现，在于读若可以用音同或音近的字，直音只能用音同的字来注释。这样直音法不仅是一种有效的注音方法，也为后世研究古代音韵提供了宝贵的材料。直音法产生不久，反切法相继出现，但是这并没有使直音法随即消亡，而是出现了直音反切共存的局面，直至清代，这两种方法仍共同被使用。今天我们日常交往中，仍可以用直音法来说明一个字的读音，非常方便。

在用直音法的时候，存在没有同音字的情况，继而产生了一种辅助方法——纽四声法。即在没有同音字的情况下，找到音近的字标明变调。例如：韩，汉阳平。这种纽四声法虽然有一定的补充作用，但未能成为一种独立的注音方法，只是为补充直音法而存在的。

4. 反切法

反切法是中国传统标音方法。是用两个汉字来标记一个汉字的读音，上字取声母，下字取韵母（包括介音）与声调。其中前一个字叫反切上字，后一个字叫反切下字。例如"推，他回切"。取"他"的声母"t"，取"回"的韵母"ui"，拼合而成"tuī"。"他"叫反切上字，"回"叫反切下字。反切法创于汉魏之间。过去很多学者一直认为反切法由孙炎所创，而后来学者在研究汉代文章时发现反切之法早于孙炎。反切法有一套严格的规律，不能随便找一个字来注音。陈澧《切

韵考》中指出 :"切语之法以二字为一字
之音,上字与所切之字双声,下字与所
切之字叠韵 ;上字定其清浊,下字定其
平上去入 ;上字定清浊而不论平上去入,
下字定平上去入而不论清浊。"例如 :循,
详遵切。

随着语音的不断演变,汉字的声韵
调都发生了很大变化,不是一成不变的,
因此有些汉字的反切注音和其现代的读
音不相符合。于是,反切也出现了不足
之处,近代一些学者提倡反切法的改革,
但是由于汉字语音系统的复杂性,这种

想法一直没有得以实施，但反切历经了一千多年，也见证了汉字语音的变化，它所记录的古汉字读音，为我们后人留下了宝贵的资料，值得我们进一步研究。

5. 注音字母

明清时期，西方文化流入中国，传教士们为了宣传教义，开始学习汉语，并用罗马字母来标注汉字的读音，这种方法为我国语言学家打开了标音思路，于是纷纷效仿。

1913 年，"读音统一会"制定了"注音字母"，后改为"注音符号"，所采用的字母符号类似于汉字。最初制定 39 个，1918 年增至 40 个，其中声母 24 个，韵母 16 个，大都依照章太炎拟定的"取古文篆籀迳省之形"。分别为：ㄅ、ㄆ、ㄇ、ㄈ、兀、ㄉ、ㄊ、ㄋ、ㄌ、ㄍ、ㄎ、万、ㄏ、ㄐ、ㄑ、广、ㄒ、ㄓ、ㄔ、ㄕ、ㄖ、ㄗ、ㄘ、ㄙ、ㄚ、ㄛ、ㄜ、ㄝ、ㄞ、ㄟ、ㄠ、ㄡ、ㄢ、ㄣ、ㄤ、ㄥ、ㄦ、ㄧ、ㄨ、ㄩ。注音字母一经

产生便得到了广泛推行。

与反切相比，注音符号有很多优势。首先，它摆脱了反切条件的繁复，减少了反切中多余的音素，应用起来比较方便。其次，注音符号比较灵活，可以单独标音，如师用"ㄕ"注；也可以组合标音，如弯用"ㄨㄢ"，观用"ㄍㄨㄢ"。最后，注音符号标音比反切准确，每个注音字母只代表一个音素。

注音符号虽然比反切法有了改进，但仍不尽善。由于汉语存在很多方言，读音无法统一，而注音符号只能代表大多数省份的读音，同时存在语调上的差异，使它还不能作为标准的注音方式进行推广。但是它的出现毕竟为我国的教育以及普通话的推广做出了贡献，因此，它的功绩是值得肯定的。

6.汉语拼音方案

汉语拼音方案制定于20世纪50年代。中国文字改革委员会于1956年拟定了《汉语拼音方案（草案）》，征集全国政协和各界人士的意见，经过多次审议和修订，于 1958 年 2 月正式推行。《汉语拼音方案》由于比过去的各种注音方案都完善，因此受到了群众的热烈欢迎。

汉语拼音方案采用国际上流行的拉丁字母，不仅灵活、准确，还有利于各国间的文化交流。同时，《汉语拼音方案》是推广普通话的有效工具，并能作为各少数民族进行文字改革的模范。总之，它是汉语史上出现的最为完善的汉字注音工具。

三、汉字字形的发展变化

汉字从产生至今，经历了数千年的历史。在这几千年的历史长河中，汉字的形体发生了巨大的变化。先秦文字共分为商代甲骨文、西周金文、春秋战国时期的各种文字以及秦代的小篆等，我们称这些文字为古文字，因为这些文字形体还与图画有些类似。汉字在汉代进行了隶化，于是又有了汉代的隶书，及汉以后的楷书、行书、草书等，我们称这些文字为今文字。

（一）甲骨文

甲骨文是我们目前发现最早的成体系的汉字。由于当时的环境所致，甲骨文是殷商时期刻在龟甲和兽骨上的文字，因此得名。又由于我们见到的甲骨文以契刻为主，因此，甲骨文也叫"契文"。

甲骨文出土于河南省安阳市小屯村，由于这里是殷墟遗址，因此甲骨文又叫"殷墟文字"；此外，殷商时代统治者笃信天命，每事必卜，并用甲骨文作记录，

所以甲骨文也有"卜辞"或"殷墟卜辞"的名称。

甲骨文记载了从商代第二十个王盘庚到最后一个商王——商纣王时期的文化。商代统治者迷信至深，而甲骨文又是用来记录和占卜的，因此，甲骨文的内容大都与占卜有关。占卜涉及的范围极广，从天文星象到人间琐事，可谓包罗万象。具体说来有庄稼收成、捕鱼狩猎、四方征战、天象、婚娶、祭祀、疾病等。此外也有非卜辞的甲骨文，如天干地支、数目计量等。到目前为止，出土的甲骨文共整理出不重复的单字四千六百多个，能用后代楷书书写的有一千七百多个。

通过学者们的整理、研究，总结出甲骨文的一些特点。

第一，象形比重较大，总体上以不标音的形意字为主，形声、转注字较少。

甲骨文中的象形字形象逼真，富有图画色彩，使我们一看便知其意。如 🐎（马），重点突出了它的鬃毛。☐（日）、🌙（月）、⛰（山）、〰（川）等都是典型的象形字。还有一些象形字只是突出实物的某一典型特征，如 🐂（牛）、🐑（羊）等字。甲骨文中的会意字同样极富形象色彩。会意字多以象形、指事为基础，因此具有很强的表现力。如 🖐（取）、🍚（既）、🗡（武）等。此外，甲骨文中还有指事、形声、转注字，这说明甲骨文时期的汉字已经形成体系，具有了语言的基本功能——社会交际功能。人们

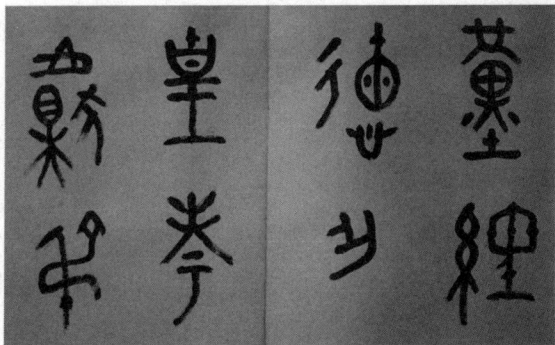

可以通过这些汉字进行语言、思想的交流。

第二，甲骨文字形不固定，结构不规则。有多形同字现象，也有同形多字现象。甲骨文处在造字早期，体系尚不完善，出现了许多形体不统一的现象。同一个字有不同的表达方式，只要能反映出实物大体形态即可。形状可以不一，笔画多少没有明确规定，繁简不拘一格。这是由于文字尚未脱离图画造成的。如"马"字可写成 等；"犬"字可写成 等。有些甲骨文的正与反、正面与侧面没有分别。如"舟"，正面 与反面 都表示"舟"字。龟字正面 [字] 与侧面 [字] 没有分别。甲骨文时期，偏旁意识还很模糊，所以，偏旁的位置不固定，如"祀"可以写成 [字] 或 [字] ；"既"字可以写成 [字] 或 [字]。也有偏旁数目不同的现象。另外，甲骨文中也存在加偏旁与不加偏旁都表示同一个字的现象。还有用同一个形体表示不同的汉字。卜辞中的 [字]（火）与 [字]（山）同形。

第三，甲骨文的笔画多瘦长少肥笔。甲骨文是用刀刻在坚硬的龟甲和兽骨上

的，所以刻出的笔画比较瘦，很多肥笔用瘦笔代替。如遇到肥胖的实物，只能用简单的线条来勾勒其基本轮廓。同时甲骨文习惯用横竖等直笔来代替弧线，把圆形刻成方形。

从以上特点我们可以看出，甲骨文虽然已经形成体系，但是尚不完善。甲骨文时期，汉字仍处在不断的变化、发展中，灵活性较强。

（二）西周金文

金文又称铭文，是指契刻在青铜器上的文字。因为古代把铜称为金，所以就把铜器上的文字称为金文。又由于古代铜制乐器中钟的体型最大，礼器中鼎的数目最多，所以用这两个器物为代表，又把金文称为钟鼎文。金文从商末开始流行，一直延续到战国时期。从宋代开始，金文受到重视。出土的铜器中，商代的铜器多出于河南，周代的铜器多出于陕西，战国时期的铜器则覆盖范围较广。出土的铜器中，周代的铭文影响最大，因此，后世人把金文视为周代的代表文字。从金文的整理中，我们得到的单字大约四千个左右，已经辨认出的大约有二千五百个左右。

商代金文的数目较少，这些金文记载的内容多为氏族名、父祖名以及器物

制造者的名字。商代以后出现了记事的金文，有些篇幅较长，为后代的研究提供了依据。西周金文记录了很多重要的大事，很多西周金文反映了祭祀、战争、土地政策、册命制度，也有一些诉讼事件体现于其中。西周战事较多，赏罚功过都可见于金文之中。除此之外，我们也可以从金文的记录中了解西周人的思想，如尚德、守孝道、笃信天命等。

金文的特点如下：

第一，绘画成分逐渐减少，结构渐趋稳定。金文一般用范铸，这要比在坚硬的甲骨上刻字容易得多，因此可以随心所欲，圆笔则不必为方笔所代替。西周初期的金文还存在大量的绘画成分，但随着时间的推移，这种图画型的汉字呈现出逐渐减少的趋势。由于金文是写在铜器上的，形状比甲骨规则得多，因此写在上面的汉字也比甲骨文规则得多。首先，西周金文出现了较多的肥笔，如 **天**（天）；其次，金文中的许多弧线被平直的线条取代。如"女"字甲骨文为，发展到金文为 。由于太多的弧线给书写带来了不必要的麻烦，所以金文线条化越来越明显，这也促进了方形结构的稳定。

第二，金文字形构件不断统一，字形逐渐定型。在甲骨文中，出现了一字多形和一形多字的现象，到了西周金文，这种现象逐渐减少，汉字的字形趋于稳定。例如甲骨文中"东"字的字形有繁有简，到了西周金文就基本固定为"東"了。"逐"字在甲骨文中可以从豕（ ）、从犬（ ）等，到了西周金文就统一为从"豕"字了。另外，甲骨文中大量存在的倒书、反书的现象在西周金文中也大大减少了，形式多样的汉字逐渐定型了。

第三，偏旁趋于规范。甲骨文中偏旁意识还很淡薄，经常出现偏旁不固定的现象。而在西周金文中，一些近似的偏旁都经过挑选，尽量留下差别较大的，又增加了一些区别性的形符，避免混淆。同时，也将近似的偏旁进行统一的整理。另外，偏旁不但形体规范，而且位置也基本固定了下来，如"氵"居左，"艹"居上等。

（三）春秋战国时期的文字

春秋战国时期是我国由奴隶社会转向封建社会的过渡时期。在此期间，文化方面发生了巨变，促使汉字有了很大发展。这一时期的文字无法像之前的甲

骨文和金文那样统一，在延续使用金文之外，还出现了书写于竹简和布帛上的简帛文，刻于玉石上的石刻文以及陶文、货币文、玺印文等。通常说的籀文是春秋时秦国的文字，源于周宣王时太史籀写的《史籀篇》，与石鼓文相似；六国古文是六国所使用的文字，与简帛文相似。

王国维认为籀文是"大抵左右均一，稍涉繁复。象形象事之意少，而规旋矩折之意多"。籀文保留了很多西周文字的风格，运笔遒劲有力，在布局上的确较之前的汉字整齐，字体也日趋线条化，笔画无波磔，方块明显，为方块字的盛行打下了基础。而六国古文则存在许多异体，形式多样，又有许多简体字，难以统一。

春秋战国时期的文字，无论是籀文还是六国古文，把它们统一来看，存在以下一些特点。

第一，文字异体较多。由于战乱，

春秋战国时期各国的经济、政治、文化存在太多差异，不仅各国之间争霸，诸侯之间的战争也时有发生，因此影响文字朝着不同的方向发展，逐渐打破了金文的统一局面。秦系文字主要继承西周，文字比较规范，而六国文字没有统一的规定，因此同系文字存在的异体很多，较难辨认。而且，如前所述，春秋战国的文字有陶文、货币文、玺印文等，书写的材料不同，功能也就不同，自然造成了字体差异。另外，战国时期，各国文字还习惯加上一些装饰的笔画，称之为"饰笔"。饰笔的形状受到各国文化和习惯的影响，饰笔的有无与多少也是造成异体的原因。

第二，变化的方向不同。春秋战国时期，汉字讹变现象突出表现在手写材料上，例如简帛文上常存在混淆一些形义不相近的汉字的情况。如"贞"的声符"鼎"有些变成了"贝"；有些变成了

"目"。这种现象不仅在单字使用中存在，在形符组合中也有体现。将讹变的形符与其他部件组合构成新字，造成一系列字体的变化，也导致汉字发展的方向不同。如"心"和"口"的关系密切，人们一向认为"口"的行为源于"心"的思考，因此，人们在使用"心"旁的时候，容易加上一个"口"字；使用"口"的时候，也可以增加"心"符，这种现象在春秋战国时期大量存在。

第三，形符和声符的组合不同。形符与声符的组合主要表现在形声字中。战国时期的文字同语言一样，形式多种多样。这一时期变换形声字的声符比以往普遍得多。不同地区，语音稍有变化，就会导致当地人换用不同的声符来表示字的读音。如能够进行自如的交流，则属于异体字；如不能达到交流的目的，则被后人看做转注字。例如："道"字有

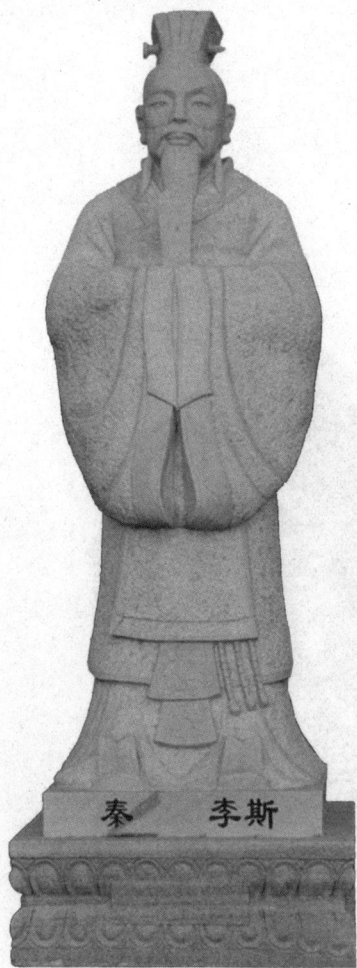

从"首"声，也有从"舀"声的。

（四）小篆

秦始皇统一六国后，为了便于统治，对文字进行了改革，派李斯统一文字。李斯推行了"书同文"的政策，这就是统一汉字的形体——小篆，推进了各个地区的文化交流。

小篆基本沿袭了春秋战国时期秦系文字的特点，同时又吸收了六国文字的优点，才形成今天我们所见到的小篆字体。

小篆字体在中国流行直至汉代，但由于字体美观，时至今日仍被书法家们摹写。

遗留下来的秦代小篆字体，刻在石头上的较多，是我们今天见到的小篆的重要来源。对小篆整理成就最高的是东汉语言学家许慎，他编撰的《说文解字》

秦 李斯

中收集了大量的小篆字体，为后世学者对小篆的研究提供了重要的资源。《说文解字》中收集篆文九千三百五十三个，重文一千一百六十三个。并对汉字的字形进行研究，追溯到造字之初的本义，首创了部首排列，为小篆的整理提供了重要的方法。

小篆较之前的字体有很大改进，具体特点如下。

第一，合体字的偏旁和部首得到了固定。先秦文字中存在的正写、反写、侧写在小篆时期得到了基本统一。首先偏旁固定了下来。先秦汉字中偏旁写法不一或根本不同的异体字，得到了统一，基本保证同一个字同一个偏旁。

不仅如此，小篆还规定了偏旁的位置，同一个字的偏旁不能再像从前那样可以自由移动、随心所欲，必须按照同一种位置将其固定。如"道"字，金文中有 、 等写法，到了小篆时期逐渐

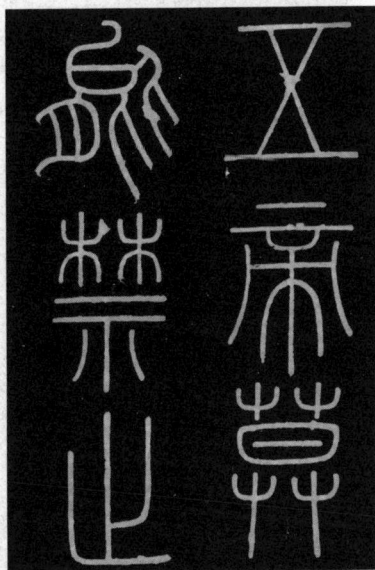

统一为 <ruby>䮴</ruby>。基于以上原因，势必促使汉字定型化，许多异体字在这一时期被删掉了，减少了人们之间交流的障碍，在汉字发展中有积极意义。

第二，复杂的笔画得到简化，绘画成分再度减少。甲骨文、金文中有许多笔画保留着图画的影子，很多笔画只是起到装饰的作用，给书写带来了极大的不便。小篆在金文的基础上继续减少绘画成分，逐渐将早期的象形线条化。尤其在石刻文字中可以看到文字明显的方块化。例如甲骨文中的 <ruby>龟</ruby>（龟）演变成小篆后成为 <ruby>龜</ruby>，字体变得规则了，横平竖直，虽然尚不能完全摆脱图画，但已经逐渐趋近了符号化。

第三，出现了大量的形声字。小篆的构字部件引进了大量的声符，使形声字的比重增大。由于这种造字法不仅可以见字识义，也能够见字辨音，因此形声这种造字法逐渐成为主流，影响越来

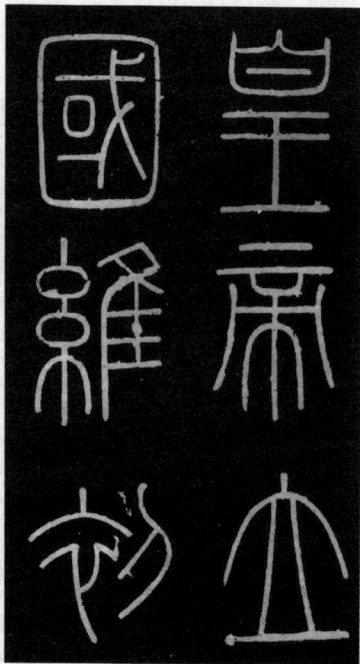

越大，为汉字造字提供了新的重要途径。

（五）隶书

隶书分为秦隶和汉隶。秦隶是指秦代所使用的隶书。秦代是以小篆为标准字形，"隶"是辅助之意，有学者认为"隶书"指的是"小篆"的辅助工具。因此，隶书又叫佐书。由于小篆书写起来多有不便，民间百姓以及下层官吏为了使用快捷，逐渐将笔画草化，所以，在秦隶时期，隶书与草书是并存的，而且为汉

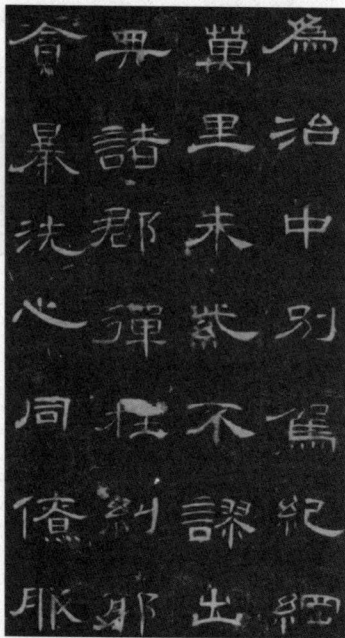

隶波磔起伏的笔势奠定了基础。但秦隶来源于小篆，必定保留了一些小篆的风格。

到了汉代，统治者为了统治方便，照搬秦朝的一些制度、政策，也将文字沿袭下来，因此，在汉代初期所使用的隶书属于秦隶。汉隶产生在西汉的中后期，是在秦隶的基础上发展而来的。它将秦隶草率的笔法变得规则、美观，并不断简化，线条逐渐粗细均匀，笔势日益规范化。隶书形体优美，刚柔并济，因此多年来备受书法家们的青睐。书法中的隶书是逆锋入笔，蚕头燕尾。由于存在秦隶与汉隶两种隶书，因此，也将秦隶叫古隶，将汉隶叫今隶。值得提出的是，汉隶对秦隶的改革，使汉字彻底摆脱了古汉字阶段的象形，开始向符号化方向发展，在汉字发展史上具有划时代的意义。

从秦隶发展而来的汉隶具有以下特点。

第一，变弧为直，变圆为方。为了书写方便，隶书将小篆中的各种线条变为横、竖、撇、点、折、钩等简单的笔画。小篆中多为弧形线条，隶书中将其变为直线。另外波磔的出现、撇捺的挑锋以及扁方的形体也是隶书的特色。隶书为了追求快捷，废弃了许多象形的笔画，也造成了一些汉字讹变的现象。例如黑字，小篆作 𤋲，隶化后成为"黑"，下部分"炎"变为"土和灬"。

第二，偏旁或部首删繁就简。隶书将小篆复杂的偏旁改为形体简单的符号，有的需要归并几种复杂符号为一种简单符号；有的则需要新造出一个简单的符号来代替小篆中繁复的符号。如春、奉、泰、奏四个字，在小篆中分别为 䒦、𡘙、𣳦、𠅂，它们上部分存在明显的差别，而隶化后为春、奉、泰、奏，四个字上半部分完全相同。

第三，一些偏旁或部首由于位置不

同，出现了不同的形体。小篆中的偏旁或部首不论在哪个位置，形体是一致的，到了隶书，为了书写方便和整齐，同一偏旁或部首在不同的位置上出现了不同的形体。如火部，小篆中无论在上、下、左、右都写作 火，而在隶书中出现了"火""灬""小"等几种；心部在小篆中写作 心，隶变后有"心""忄"以及"恭"的下部分等几种。

此外，汉字隶变以后，使汉字告别了古文字阶段，也就是说从隶书开始，汉字走上了纯符号的道路。隶书标志着汉字从古文字向今文字的过渡。

（六）草书

草书分为章草、今草和狂草，始见于汉代。许慎《说文解字·叙》中记载："汉兴有草书。"由于草书始于民间，所以古书中尚未发现关于草书创始人的记

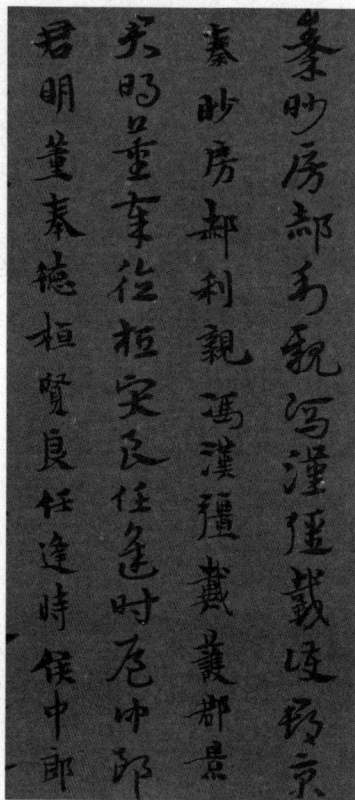

载。草书初创之时，是将隶书解散形成的。为了快速书写隶书，草书的笔画较草率。但这种书写方式有其独特的魅力，受到书法家的关注。经过书法家的加工与规范，到了西汉末期东汉初期，草书逐渐走向成熟，这时的草书是"章草"。"今草"是在"章草"的基础上逐渐完善而成的。到了唐代，又发展出"狂草"。

1. 章草

章草兴起于西汉，盛行于东汉。对于章草的起源，一般认为是杜操所创。杜操，字伯度，京兆杜陵人，章帝时为齐相，是东汉著名的书法家，善章草，与东汉书法家崔瑗（师从杜操）并称"崔杜"。擅长章草的书法家还有张芝、皇象、卫瓘等人。其中张芝被推为"草圣"。张芝不仅书法一流，其刻苦练习的精神更值得后人学习，晋卫恒评价他为"临池学书，池水尽墨"。

章草的得名有几种说法。第一种说

法，章草名字的由来是因为汉章帝看到杜操的草书后，大为赞赏，下诏用草书字体上表奏章，因此，章草的"章"是章帝的"章"。第二种说法是史游在汉元帝时作《急就篇》（又叫做《急就章》），该书是用草书写成，因此章草之"章"是《急就章》的"章"。但这种说法不可靠，因为《急就篇》是用来教学童的字书，不可能用草书写成。第三种说法是由于章草写成的汉字，字与字之间不相纠缠，遵守一定的章法，因此章草的"章"是章法的"章"，这种说法被后人广泛接受。

章草来源于隶书，因此，章草的身

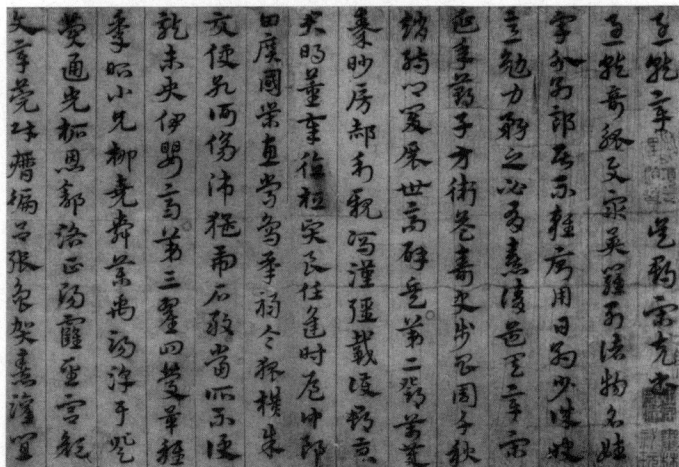

上仍保留一些隶书的影子。章草继承了隶书波挑的风格，一字之中有牵连萦绕，但各个字之间保持独立，不与其他字相纠缠。同时沿袭了小篆的弧线，且运笔轻重变化较大。

2.今草

今草是在章草的基础上发展而来的。不同的是，章草是隶书的快写方式，今草是楷书的快写方式。关于今草的起源有两种说法。其一是今草起源于东汉张芝，据说张芝勇于创新，打破了章草的写法，将章草复杂的笔画省略，运笔自

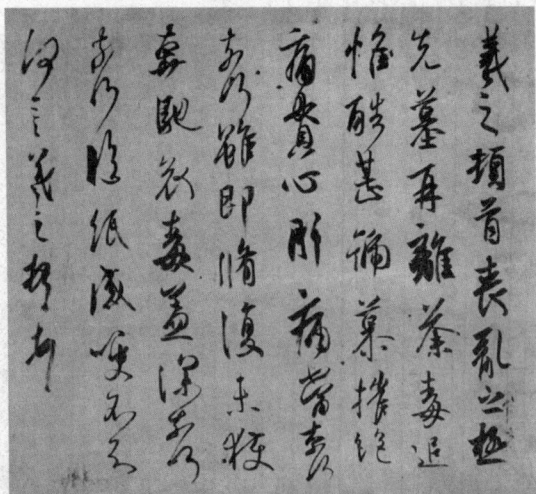

然、流畅，创造了"草书"字体；另一种说法是起源于东晋王羲之和王洽。欧阳询曾说："张芝草圣，皇象八绝，并是章草，西晋悉然。迨乎东晋，王逸少（王羲之字逸少）与从弟洽，变章草为今草，韵媚宛转，大行于世，章草几将绝矣。"这两种说法，后者较为可信。但一种字体的出现不是一蹴而就的，它必定经历一个过程，据说在魏晋之间就有章草的简化体，只是王氏兄弟以书法著称，作品为多数人所见，才有此种说法。

今草相比于章草有继承，也有突破。今草将章草进一步简化，不仅一字之内笔画相连，也打破了字与字之间的界限，

出现了上下字相连的情况。字体完全摆脱了隶书的规范，是楷书的前身。张怀瓘在《书断》中写出今草的特点："字之体势，一笔而成，偶有不连，而血脉不断；及其连者，气脉通其隔行。"基于它的特点，今草书写起来方便快捷，挥洒自如，飘逸奔放，亦气势恢弘。

3. 狂草

草书发展到唐朝，出现了随心所欲地将草书简化、笔画连绵的"一笔书"，这种新的字体就是"狂草"。狂草最早推至张旭和怀素。

张旭字伯高，一字季明，吴郡人，楷书大家虞世南的外孙女之子。张旭为人放荡不羁，才华横溢，不仅书法精湛，亦有诗词传于后世。是李白、贺知章的朋友，与李白、贺知章、李适之、李进、崔宗之、苏晋、焦遂并称为"饮中八仙"。张旭经常大醉后挥笔成书，是一个天才书法家。有时会用头发书写，因此有"张颠"之名。张旭习得了王氏兄弟的笔体，又吸收张芝草书的精华，创造出挥洒自如的狂草。他热爱书法，并将自己的感情融入书法之中，因此，我们从他的字中也能看到他的思想。与同时期的书法家相比，张旭尤为后世人所推崇，独领风骚。

怀素，俗姓钱，字藏真，湖南零陵郡人，唐代著名的书法家。10岁出家为僧，一心事佛，素有"零陵僧"或"释长沙"的称号。与李白、杜甫等人交往密切。怀素也好饮酒，亦能作诗。经常酒后书写，与张旭并称为"张颠素狂"或"颠张醉素"。怀素自幼聪敏好学，"芭蕉练字"故事的主人公就是他。由于纸张太贵，他买不

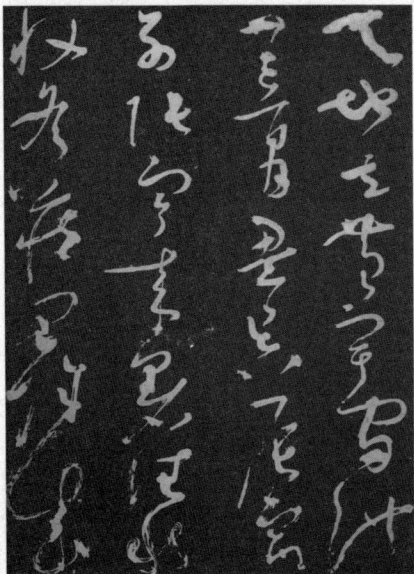

起，于是就种了芭蕉，摘下大的芭蕉叶，在上面练字。很快大的芭蕉叶就没有了，而小的叶子还没有长大，于是他心生一计，在芭蕉树前练字，这样就不用将叶子摘下来了。怀素的狂草，运笔刚劲有力，字字有体，豁达奔放。怀素有字帖流于后世，有《自叙帖》《藏真帖》《食鱼帖》《大草千文》《小草千文》《四十二章经》《千字文》等，成为诗人笔下称赞的佳作。

狂草不但笔画勾勒，结构错综，部分偏旁已经失去了原有的容貌，而且变幻莫测，令人难以琢磨。通常书起于兴，才能写出它的豪迈，极富神采。因此，这种字体很难被大众广泛使用，却成就了它作为一种高雅的艺术品，供世人欣赏。

（七）楷书和行书

1. 楷书

　　楷书是今天我们所使用的正体字，因此又叫正书或正楷，来源于汉隶的楷化，始于东汉，成于魏晋。早期的楷书还保留隶书的笔势，后逐渐改进，直至初唐，才彻底形成今天所见的楷书。楷书的结构相比隶书并无太多改动，写法却有突破，和隶书完全不同。楷书字体方正，横平竖直，改为收锋，减去蚕头燕尾，少微弧变硬钩。其字端正规范，易于辨识，可以作为楷模，由此得名。

　　楷书最初叫章程书，南朝宋羊欣曾有一段评价钟繇书法的话："一曰铭石之书，最妙者也。二曰章程书，传秘书，教小学者也。三曰行押书，相闻者也。三法皆世人所善。"这是说钟繇擅长三种字体，铭石书指刻在石碑上的楷隶，行押书是后世的行书，章程书是介于二者之间的一种字体，后逐渐发展成为正书。

　　擅长楷书的大家很多，尤其在唐代，

名家辈出。历史上被称为"楷书四大家"的是欧阳询、颜真卿、柳公权、赵孟頫，此外唐代楷书名家还有虞世南、褚遂良等，他们不仅仅吸收了楷书的精华，并创立了自己的风格。

欧阳询，字信本，潭州临湘人，"欧体"创始人，曾隋唐两代为官。欧阳询敏而好学，少年便博览群书，精通史籍，尤好书法。他效仿王羲之的笔势，后独立创新，自成一体。书画理论家张怀瓘称："询八体尽能，笔力劲险。篆体尤精，飞白冠绝，峻于古人，犹龙蛇战斗之象，云雾轻笼之势，几旋雷激，操举若神。真行之书，出于太令，别成一体，森森焉若武库矛戟，风神严于智永，润色寡于虞世南。其草书跌宕流通，视之二王，可为动色；然惊其跳骏，不避危险，伤于清之致。"欧阳询传于后世的作品有《九成宫醴泉铭》《虞恭公碑》《皇甫诞碑》《化度寺碑》等。

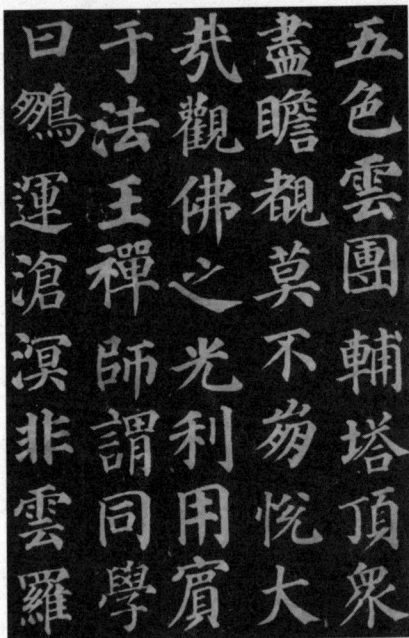

五色雲團輔塔頂衆
盡瞻觀莫不欷愒大
戎觀佛之光利用賓
于法王禪師謂同學
曰鶚運滄溟非雲羅

　　颜真卿，字清臣，唐代著名书法家、
爱国者，"颜体" 创始人，出生于书法世家，
其曾祖、祖父、父亲、母亲均长于书法。
官至吏部尚书、太子太师，代宗时封鲁
郡公，人称"颜鲁公"。自幼好学，苦练
书法。先师从褚遂良，后跟随张旭，是
继王氏兄弟之后成就最高的书法家。"颜
体"气势磅礴，以丰腴代替前者们的瘦笔，
字体刚劲有力，又不失骨格风华。颜真
卿的书法变化多端，风格多样。朱长文

唐故左街僧錄内供奉三教談論引駕大德賜安國寺上座

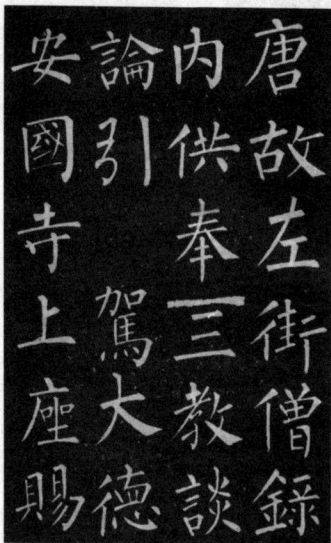

在《续书断》中评价颜真卿："碑刻虽多，而体制未尝一也。盖随其所感之事，所会之兴，善于书者，可以观而知之。"颜真卿作品颇丰，书碑累累，并且一碑一风格。楷书碑有《东方朔画像赞》《麻姑仙坛记》《多宝塔碑》《自书告身帖》等。

柳公权，字诚悬，唐朝京兆华原人，官至太子少师，世称"柳少师"，"柳体"创始人。他在书法方面很有造诣，后世将其与颜真卿并称"颜柳"。练字之初，学习王羲之楷书，后转至练习"颜体"，独辟蹊径，创出流于后世的"柳体"，直至晚年，功成名就，显赫一时。柳少师的楷书，一改颜体的丰腴之美，以瘦求劲，字字有力，刚劲峭拔，后世称"颜柳"的书法为"颜筋柳骨"。柳公权的书法硕果累累，有《玄秘塔碑》《神策军碑》《金刚经刻石》《冯宿碑》等。

赵孟頫，字子昂，号松雪道人，又号水精宫道人，湖州人，又称"赵吴兴"，元代著名楷书大家，宋太祖赵匡胤十一世孙。他博学多才，通览古今，书法和绘画成就突出，晚年时受到皇帝的重视，从此名声大噪。赵孟頫在书法上的成就不仅在于他的勤学苦练，更在于他善于吸收名家所长，融会贯通，对后世影响极大。他的字不仅在国内得到极高的评价，在韩国、日本也赢得了书法爱好者的推崇。此外，他还是一位著名的书法理论家，记录自己的练字心得，给后世学者很多启示。作品有《福神观记》《仇锷墓碑铭》《胆巴碑》等。

2. 行书

行书是介于草书和楷书之间的一种字体。行书草创之初是楷隶的快写体，后逐渐发展成为楷书的快写，行书的行应该是取于"民间流行的字体"之意，相传是东汉末年刘德升首创的，与楷书形成时期大体相同。《书断》中有这样的记载："刘德升字君嗣，颍川人，桓、灵

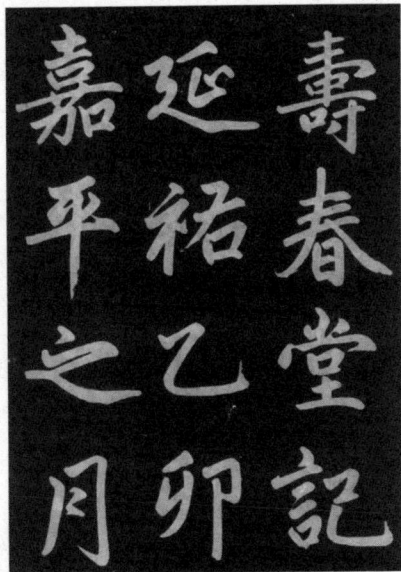

之时，以造行书擅名。虽以草创，亦丰赡妍美，风流婉约，独步当时。胡昭、钟繇并师其法，世谓钟繇行押书是也。"从中可见行书产生的年代。

行书之所以流行，是由于它不像楷书那样行文规矩、结构严谨，行书可以迅速、流利地书写，同时它又摆脱了草书的过于随心所欲、不易辨识，因此很受民间百姓的欢迎，并逐渐形成了一种被大众认可的字体。《宣和书谱》有云："自隶法扫地，而真几于拘，草几于放，介乎两者间，行书有焉。"行书在魏晋时期已经流行，名家辈出，有东晋王羲之、唐代颜真卿、宋代苏轼、元代赵孟頫等。王羲之的代表作《兰亭序》以"龙跳天门，虎卧凤阁"之势被誉为"天下第一行书"。颜真卿的《祭侄文稿》记录了其堂兄颜杲卿与子颜季明遇难之事，几经删改，构思缜密，直抒胸臆，终于书成了气势恢弘、骨格遒劲、落笔自然的书法名作，

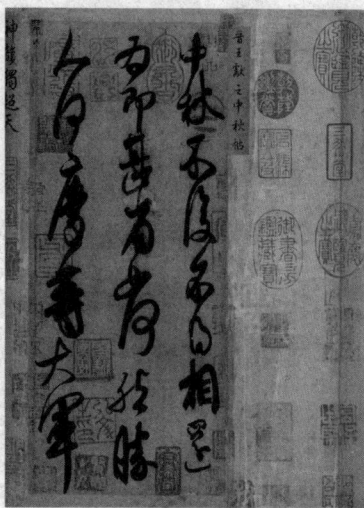

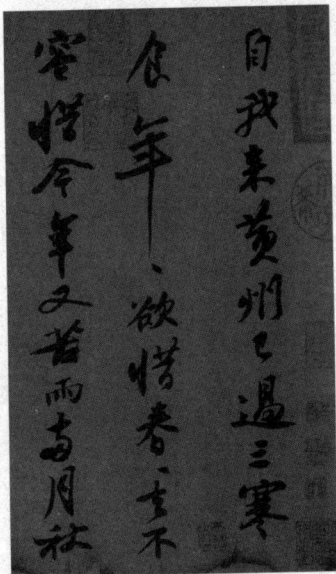

后人推举此书为"天下第二行书"。苏轼的《黄州寒食帖》是他的书法代表作，是作者在被贬黄州时所发的人生感慨。全文凄凉惆怅、情深意切，令人为之感动。该作书法犹如作者心境，起伏跌宕，虽作于困苦之时却无潦倒之笔，从作品中尚能看到作者的孤独寂寞。《黄州寒食帖》是苏轼行书杰出的代表，被誉为"天下第三行书"。

四、汉字字义的发展变化

形、音、义作为汉字三要素，在不同的时期都有不同的变化，前面我们谈到了汉字的字音、字形的发展变化，作为汉字系统来说，字义是不可或缺的一部分，下面将主要讲述汉字字义的演变过程及引申方式。

（一）字的本义

一个汉字在造字之初往往只是为了

表达一个意义（古时一般用一个字来表示一个词义，因此一般所说的字就是一个词），这就是字的本义。但时至今日，从我们后世人所考察的材料中寻求的本义是否是造字的本义已经无法证实了，因此，我们所说的本义主要是指能找到的，这个字（词）有字形依据或文献依据的最古的意义。即根据文献记载，理论上存在的，实际上却无法推求的意义。在有文献记载之前的人类几千年的文明中，词义也会发生很大的变化，本义只能是相对于后代词义演变而言的。人类不断地发展进步，影响了汉字的演变，交往过程中需要的词越来越多，但造出太多的字显然也很麻烦，因此出现了词义引申，即将原来只有一个意义的词发展成为几种意义，这些意义叫变义。本义与变义的区别不仅在于出现时间的先后，还在于本义只能有一个，变义则可以有很多。

例1：节，𥴧（小篆）

本义：竹节，即竹子各段相连的地方。这部分可以使竹子结实，对竹子有约束作用，并且每隔一段就有一个。

引申义1：关节。

引申义2：骨节，关节。与竹子的形体和功能相似。

引申义3：事情的一部分。如情节。

引申义4：起约束作用的度。

引申义5：节制，日常生活中待人接物所遵循的原则。

引申义6：节操，是指伦理道德上应该受到的约束。

引申义7：节省，即生活中不铺张浪费，有一定的节制。

引申义8：一段时间。如节日。

引申义9：乐器的一种，用竹子编成，伴奏时每隔一段时间就敲一下。

例2：环，𤩷（小篆）

本义：璧也。由于古代的璧一般为

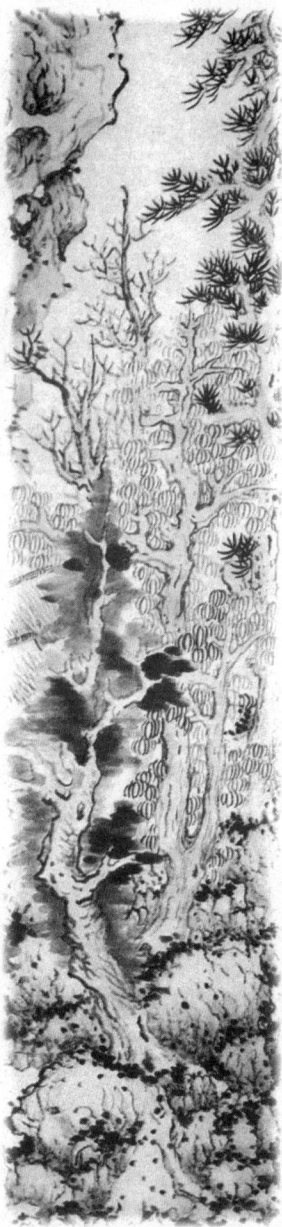

圆形，因此环的引申义多与"圆"有关。

引申义1：圆形的事物。如铁环，指铁制的圆形物体。

引申义2：动词，表示绕一周。如环视，指的是向四周看一圈。

例3：兵，（甲骨文）

本义：兵器。《说文》：兵，械也。

引申义1：拿兵器的人。如士兵。

引申义2：战争。如《孙子兵法》。

……

一字多义的现象在如今的汉语中非常普遍，最初研究字的本义，是为了读懂经书，然而现在我们对字的本义的研究并不仅仅是为了通经，也为了了解汉字字义的变化规律。这样从众多字义中找出本义就成了一项重要的工作。如何鉴别本义呢，本义与变义之间有什么区别呢？

第一，在六书中，象形、指事和会意这些形意字往往较容易推断出它的含义。如象（🐘），看到它的鼻子就知道这是大象的特征；寸（🖐），与手有关，而且在离手不远处；涉（🦶），徒步渡水。只要本义与字形契合，近引申义与字形关系比远引申义稍近。直接用形象表示的汉字并不多，况且时隔这么久，我们也无法看到每一个古文字，有些汉字通过原有字形又无法判断本义，就需要我们寻找规律。

第二，从多种意义中归纳本义。用字形来判断本义有一定的局限性，很多汉字我们无法找到它的古文字形，再加

上形体的变化，于是学者们便试着通过词的多种意义来推求本义。这种方法要我们找出各个意义的共通点，按照逻辑推理，找出词义间的内部联系，从而分析派生关系。例：囱（chuāng），是窗的本字。由于窗户有口，于是又有空的意思，由此引申出"悤"（古同"聪"，本义是听力好，耳朵是空的），从"悤"开始加形旁之后变为"熜"（燃麻蒸也，与麻有关，而麻是一种空心植物）和"蓯"（葱，葱叶为空），由于葱叶是绿色的，因此，"悤"的形声字又多了一个绿色之意，发展成为"璁"（绿色的玉）和"骢"（青绿毛色的马），又由璁和骢发展成为"繱"（青色的丝帛）。璁、骢和繱均是从"葱"引

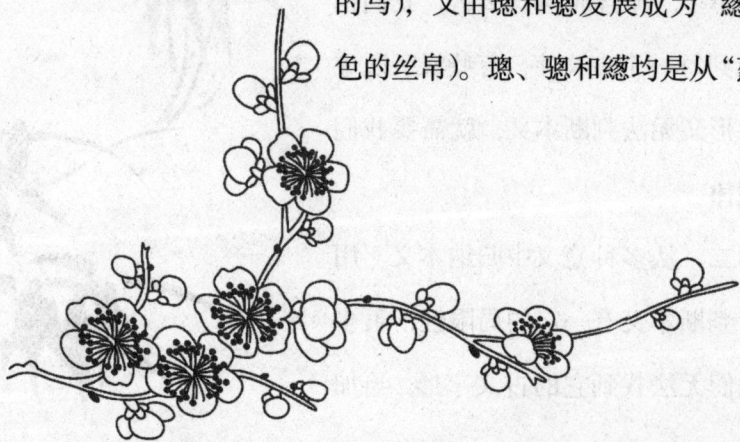

申而来的。

（二）字的引申义

引申义是指从本义出发，引申为既有本义特征又有其他意义的词义。词义的引申要遵循一定的规律，在一定范围内进行。这个范围指的就是引申过程中要保留本义的基本内涵，或与本义有共通之处。如"及"，本义为追赶上，引申为"等到了那个地方"或"等到了那个时候"。

词义的引申方式有以下几种。

第一，延展引申。指在特定的语境中，把原有词义所概括的内容中的某一项突出或延伸，赋予词义新的特点。

例1：引，开弓也。开弓这个过程有以下几个特点：①把弓拉长；②牵引箭运动；③拉弦的手向后。由这三个特点分别引出①延长，如"引领时代潮流"

的"引";②引导;③后退,如"引咎辞职"的"引"。

例2:明,本义为明亮。引申义①为视力好,如"耳聪目明";引申义②为清楚,如"目不能两视而明",指的是眼睛不能同时看两种事物还看得很清楚。

例3:贱,贾少也。引申为地位卑贱。

例4:举,本义是举起、抬起。引申为推荐、选举。

第二,条件引申。指一个词的某一义项借助一定条件表示另一事物。可以通过自然条件或社会条件进行词义的引申。如"节",本来指竹竿上的竹节,表示一段距离,后来用来表示时间段,中国的二十四节气中的"节"就是一段时间的意思,这是通过自然条件来引申词义的。也可以用社会条件来引申词义。如"汉",本来指汉水,后来将汉水流域一带叫汉中,于是有了汉朝和汉族。

　　第三，修辞引申。是指通过修辞手段使词在原有词义基础上产生新义的引申方式。一般出现在比喻和借代两种方式中。比喻引申是以原词的词义为喻体引申出的新义。如"斗"，本义为古代盛酒用的器具，后来人们看到大熊星座中最亮的星星排列的方位与斗的形状相似，又因为该星座在北方，于是将最亮的星星取名为北斗星。借代引申是指事物之间由于其相似之处而以一种事物代替另一种事物从而形成新的意义。例如"官"，本义为政府办公人员工作的地点，由于常用来指代官员，就逐渐引申为官职的名称，这个意义逐渐被固定下来。

　　第四，语法引申。这是由字在句子中所起的语法功能决定的。如"以"，最

初为实词，表示用的意思，后来经常活用为介词，久而久之这种用法就固定下来了。再如"树"，本义为种植，动词，引申为名词树木。

（三）古今字（词）义的变化

1. 词义概括的范围不同

（1）词义的扩大

例1：河。汉代以前，河只用来表示黄河，是专有名词。后来逐渐发展成为所有河流的总称。如需表明是哪条河，还必须在"河"前加上定语。

例 2：江。与河相似，江在过去只代表"长江"，后来发展成为所有江的统称。

例 3：哭。古代哭只表示大声地哭，无声为泣，大声无泪为嚎。而今天的各种方式都叫"哭"，只是哭的方式不同而已。

（2）词义的缩小

例 1：宫。先秦时期泛指房屋。秦始皇命令只有皇帝居住的地方才称为宫，后代一些大的寺庙也可以叫宫，当然百姓的房屋不可以叫宫了。现在一些高大的建筑物可以叫宫，如文化宫。

例 2：汤。古时泛指一切热水，现在只用来表示用来烹饪食物时的汤汁。

例 3：朕。先秦时表示第一人称，在《楚辞》中"朕皇考曰伯庸"，朕指我，皇考指已经去世的父亲，这句是指"我去世的父亲叫伯庸"。秦始皇以后，这个字只能用来指皇帝自称。

（3）词义的转移

例1：走。本义为跑。现在义为比跑慢的行走。

例2：仅。上古时期，仅读"jǐn"，表示数目极少；到了中古时期，仅读"jìn"，表示数目极多，如"山城仅百层"；宋代以后，又表示上古时期的意思。

2. 词义含量的多少不同

一般指度量衡单位。

例1：尺。周代的一尺相当于现代的五、六寸。如"邹忌长八尺有余"。

例2：斤。秦朝时制定的一斤等于十六两，因此有"半斤八两"的说法。

3. 词的感情色彩不同

例1：龟。明代以前人们认为龟是一种长寿的动物，古代形容人长寿叫龟

龄。因其长寿被认为是一种智慧的象征，于是上古时期在占卜的时候将过程和结果刻在龟甲上。

例2：卑鄙。古文中"卑"指地位低下；"鄙"是指知识的浅薄，没有褒贬之分。如"先帝不以臣卑鄙"。而演变至今，"卑鄙"则成为形容人道德低下的一个贬义词。

例3：走狗。古义指善于奔跑的狗，用于打猎。后发展成为为主人卖力的仆人，中性词。现代汉语中则表示长于阿谀奉承的小人。

（四）汉字间的几种特殊关系

1. 古今字

古今字是指不同时代记录同一个意义产生的不同的字。先产生的叫古字，后产生的叫今字。古今字是由东汉郑玄提出的。清代段玉裁对这种提法给予完

善，提出："古今无定时，周为古则汉为今，汉为古则晋宋为今。随时异用者谓之古今字。"古今字的形成是由于上古时期汉字数量较少，不足以表示随时出现的意义，于是一词多义现象明显。后来为了区分词义，又造出一些新词来表达意义，就形成了古今字。有的古今字存在字体的差别，有的古今字存在借字与正字的差别，因此，直至现在很多人还将假借字、异体字与古今字三者混为一谈。异体字与古今字有较明显的差别，异体字是写法不同，意义和用法完全相同的两个字；而古今字是为了分担古字一定的意义，才创造出今字，这两者是完全不同的。古今字与通假字的区别在于：第一，古今字的两个字存在先后顺序，而通假字的本字与借字处于同一时期；第二，古今字在造今字时是为了分担古字的意义，而通假字只是临时借用，意义并不固定；第三，古今字在字义上有联系，而通假字是完全不同的两个字，他们之间可以有联系，但更多的时候是毫无瓜葛的；最后，古今字是造出新字，而通假字不参与造字。

根据古字和今字的关系，古今字可以分为以下几种类型。第一类是今字表示古字本义。如"益"的本义是水满溢出，引申为富有、利益等义，造出今字"溢"以后，在"益"上加了一个形符，使人更容易把今字"溢"和本义联系起来，于是，今字"溢"就用来表示本义，古字"益"用来表示引申义。第二类是今字表示古字的引申义。如"景"和"影"。景字本义为光，由于有光的地方会存在阴影，于是，"景"字也用来表示"影"的意思。后造今字影来表示阴影之义，而"景"不只有一个引申义，"影"字只是解决一部分，它们是不能等同的。第三类是今字表示古字的假借义。如"舍"本义为住的宾馆，假借为舍弃的舍，于是

在舍的基础上加上形符"扌",变成"捨"来表示舍弃之义。

2. 通假字

通假字是指古书中临时借用字形的现象。通假字的出现往往是一个人在写文章时不用本字,而拿别的字临时代替造成的。通假字与六书的假借不同,假借指的是本无其字,又不新造字,所以用已有的音同或音近的字代替;而通假是本有其字,只是将音同或音近的字通用。通假字的产生原因多数人认为是古代的经书太多,不容易书写。特别是秦始皇焚书坑儒之后,很多经书被毁,人们为了保存经典,只能凭记忆通过口述传授,而弟子的文化水平有限,在记录的时候一时想不出一些字的正确写法,只能拿一个音同或音近的字代替,久而久之,人们对这种现象就习以为常了。通假现象在先秦和两汉时期非常普遍。如《庄子·逍遥游》中"北冥有鱼"

中的"冥"通"溟","北冥"指的是北方的海。对于通假字的理解，我们需要掌握通假的规律，否则在解读古典文献时容易误解。首先，声韵相同，即读音相同的字都可以通假。当然，我们要从通假字同时期的字音出发，不能用现代汉语的读音去衡量。其次，声纽与韵部中有一个相同，另一个相近的可以通假。最后，声纽和韵部都相近的也可以通假。

上古时期，通假现象虽然普遍存在，但并不是所有的通假字都能得到流传，从这个角度分析，通假字可以分为三种。第一，偶然通假。这种通假指的是一个字通用本字，出现通假字的情况很少。如《诗经·魏风》"逝将去汝"中"逝"通"誓"，是下定决心、发誓的意思。

第二,一段时间内的通假。有些字在一定的时期内惯用同一个字通假,后来又随着时间的推进,这种现象就消失了。第三,取代本字的通假。这种通假字的运用比本字的应用频繁,于是,给人们留下了深刻的印象,并在以后的使用中通假字逐渐取代了本字的地位。

总之,通假字的产生是为了标音,它的出现,为后来学者研究经典、理解经典造成了一定的阻碍,却为我们研究上古音韵打开了方便之门。因此,对通假字的研究可以一举两得,不仅为我们通晓古文扫清障碍,也为我们研究上古音韵提供了宝贵的素材。

3. 异体字

异体字,《说文解字》中又叫重文,指的是形体不同的两个字,读音和意义完全相同,可以在任何情况下通用。常用的字为"正体",不常用的叫"异体"。早在甲骨文时期,异体字就大量存在,有的字可以有几十个异体字。汉字是出于众人之手，同一个意义有多种表达方式是很正常的，再加上地域上的分割，观念的差异，异体字的存在也是不可避免的。异体字的产生大约有这样几种方法。第一，造字方法的不同。例如同一个意思造字，有的是用象形造的，而有的是用形声造的，这两种方式造同一意义的字显然是不能相同的。如"羴"与"膻"为异体字，前者为会意字，后者为形声字。第二，两个形声字的形符或声符的选择不同。如"蟆"与"蚵"是声符选择的不同。第三，形声字的形符和声符都不同，但读音和意义都相近。如"村"与"邨"。第四，部件的数目相同，位置不同。如"峯"与"峰"。

异体字与古今字的区别在于古今字是处在不同时期的字，而异体字是同一时期不同写法的字。并且古今字的今字只是继承了古字的某一义项，并不是全

部，因此，不能任意互换；异体字除了形体有差别，声音和意义都相同，可以任意代替。

异体字与通假字的区别在于通假字只要读音相同或相近就可以，而异体字虽然字形不同，但读音和意义必须完全相同。

4. 同形字

同形字是指记录不同意义的两个或两个以上形体相同的字。造成同形字的原因主要有两种。首先，同一字形有多种意义指向。同一字形在不同的时间和地点被造出用来表示不同的意义，通常是巧合。另外文字的演变及简化也能导致字形相同。如"肉"和"月"隶变后字形相同，都为"月"。

5. 同源字

同源字指的是音、义相同或相近，属统一语源的字。如前所述，上古时期人们用字来表示词义，因此同源字实

际上是同源词的一种表现形式。这里的"源"指的是造字之源，"同源"就是说经过探求，两个字的形义在造字之初有密切的联系，读音相似。一般来说，在造字之初，音与义的结合完全出于偶然。随着社会的发展，字形的不断丰富，在原字的基础上字义不断引申，并逐渐脱离原字，因而产生出新字。有的还保留原字的声音，有的稍加改动。如"媾"与"講（讲）"。两个字的声旁相同，说明古音相同，并且意义相关，是同源字。"媾和、讲和"之意来源于"冓"。"媾"指的是婚媾、结亲等由于婚姻关系使两个家族结合在一起，建立亲善关系。"講（讲）"主要指用语言反复交流、沟通，使双方的紧张关系得以和解，侧重谈判。从"冓"派生的同源词还有溝（沟），田间的水道相互交错，沟通；購（购），卖方与买方经过商量、谈判来实现买卖关系；篝，本义指用竹子编的器具。

五、汉字的改革

中国的汉字历史悠久，从甲骨文算起至今已经存在三千多年，是世界上最古老的文字之一，也是世界上仅存的表意古文字。汉字的发展与汉民族文化的进步是分不开的。在这三千多年的历史长河中，汉字记录着先贤们执笔书写的华夏文明，是我们民族文化的重要组成部分。汉字虽然几经周折，在形、音、义方面发生了巨大的变化，但作为一种标记文明的符号，它也应该与时俱进，不断地完善。大约从清末开始，汉字改革的呼声从没有停过。很多学者在汉字改革的问题上呕心沥血、出谋划策。

（一）汉字改革的原因

汉字流传已久，留下的功绩是不可磨灭的，但是在社会不断进步的洪流中，要想继续发挥汉字的作用，就应该不断发现问题、解决问题。

第一，汉字经过几千年历史的冲刷，已经由最初的甲骨文发展到今天的楷书，汉字的形体发生了巨大的变化，大多数

汉字已经找不到造字之初的影子，表意
的功能逐渐淡化。但作为表意文字，它
的表音功能也极为薄弱。早期的很多形
声字在今天已经无法从声符中看字的读
音，如以"化"为声符的字有"花、华、哗、
桦"等，只有"桦"与"化"的音相同，
其余的三个都不同，只是音近，这种形
声字大量存在。再加上汉字的数目极多，
记忆起来很不方便，又有很多异体字存
在，导致学习汉字比较困难。

第二，汉字是表意文字，笔画繁琐，
一字一形，更加重了学习的负担。不仅

书写起来多有不便，同时也不易辨识。

第三，汉字不具有实际表音的功能，这是语言和文字脱节的主要原因。中国地域广阔，各个地方只是了解汉字的意义，对读音的关注较少，久而久之，出现了很多方言区，有的方言区之间竟无法实现语言交流，对共同语的推广十分不利。

第四，汉字的僵化无法与汉语的变化保持同步。汉语是从口中表达，能发出的音多种多样，而汉字却不能随意造字，因此在书面上很多能发出的音无法

用汉字记载，僵硬的汉字体系无法跟上灵活的语音前进的步伐。

第五，许慎的《说文解字》开部首排列法之先河，几经改革，部首已经由许慎的五百四十部简化到《辞源》中的二百多部，但是查找起来仍不方便。有时由于汉字的部件太多，很难认出哪一个才是部首，这也使学习汉字难上加难。

鉴于以上几点，汉字的改革迫在眉睫。从清末至今，尤其在彻底扫除文盲的现阶段，共同语的推广工作应该被提到日程上来。再加上目前全球化趋势日益明显，在这科技迅猛发展的时代，向世界传播中国文化以及引进外国的先进技术都需要加强汉语的传播。而汉语的传播离不开汉字，因此建立一个完善的汉字学习方案势在必行。

（二）新中国成立前的文字改革

　　文字改革最早表现为清末的"切音字运动"。1626 年，法国人金尼阁的《西儒耳目资》问世，这是最早用音素字母为汉字标音的书。受它的影响，清代文字学家提出改良反切的方案。鸦片战争以后，外国传教士在宣传教义时用罗马字母标记各地区方言，启发了我国的文字学家们，直接推动了我国的汉字改革。清朝末年，统治者的腐朽激起很多爱国者走上了变法革新的道路，其中不乏提倡汉字改革之士。1892 年，卢戆章设计出《一目了然初阶》，用自己设计的字母来标志厦门方言，被称为"中国第一快切音新字"，引起了切音方案改革的热潮。由于尚无体系，各学者提出的方案多种多样，一时出现了假名系、拉丁系、草书系、篆文系、音义系、速记系、象数系等，其中王照的《官话字母读物》成就最高。他提倡语言整齐划一，应以北京话为基础，并为拼音的传播做了很多工作。同一时期朱文熊设计了"江苏新字母"，最

早采用音素化字母，使切音工作有了新的突破。

五四运动以后，汉字拼音化工作又有了新进展。先后出现了"国语罗马字拼音法式"和"中国拉丁化新文字"。国语罗马字拼音法式是由钱玄同、黎锦熙、赵元任等著名学者于1925年讨论提出的。国语罗马字拼音法式采用拉丁字母，将汉语音节分析到音素，设立标明声调的字母，保证了它的准确性。拉丁化新文字是由瞿秋白和前苏联的郭质生共同设计的。设计者主张拼写方音，并不主

张统一汉语，也不标有声调，可以使各方言区按照自己的语调去读，减少学习的难度。此外，这一时期还有学者提出汉字拼音化方案、汉字音节化方案等。

（三）新中国成立后的汉字改革

20 世纪 50 年代，周总理曾关注过汉字的改革，他在政协全国委员会举行的报告上提出，简化汉字、推广普通话、制定和推行汉语拼音方案三项任务作为当前文字改革的任务。周总理提出三项任务以后，汉字的改革有了明确的方向，逐步走向正轨。

1. 汉字的简化

汉字的简化包括两个方面的工作：一是简化汉字笔画，二是减少汉字字数。

1956 年，国务院公布了《汉字简化方案》，将简化字分四批进行。整理出《简化字总表》和《第二次汉字简化总表》，

分别简化汉字数 2235 个和 248 个。汉字简化有以下几种方法。

第一，简化部件。这种方法是最有效的汉字简化方法，往往可以通过对一个部件的简化，类推出对一系列汉字的简化。如燈→灯，襖→袄，車→车。再如金→钅：錢→钱，鐵→铁，鉤→钩，鋼→钢。

第二，同音或异音代替。使用这种方法要保证意义不能混淆。如醜→丑，葉→叶，穀→谷。

第三，换用简单符号。如鄧→邓，淚→泪，雞→鸡。

第四，草书楷化。将大家熟悉的草

书字体变为规范的楷书字体。如書→书，興→兴，長→长，為→为。

第五，保留特征或轮廓。把繁体字复杂多余的部分省略掉，留下这个字的轮廓，同时保证大家方便记忆。如齒→齿，飛→飞，龜→龟。

第六，新造形声字。如竄→窜，膚→肤，響→响。

第七，新造会意字。如寶→宝，體→体，塵→尘。

裁剪字数这项工作主要是针对汉字库中存在的大量异体字。如鸡（雞、鷄），台（臺、颱），墙（墻、牆），鉴（鑒、鑑、鋻）等。这些异体字的存在增加了汉字学习的负担，它们只能是汉字系统中的累赘，毫无积极意义，应该废除。1955 年，文化部和文改会公布了《第一批异体字整理表》，从列出的 810 组异体字中废除了 1055 个异体字，这些字只能在姓氏中查到；1965 年，文化部和文改会公布了《印

刷通用汉字字形表》，共收字 6196 个；1988 年国家发布的《现代汉语通用字表》共收字 7000 个。与此同时，国务院还改变了 8 个省和 35 个地区名称中的生僻字。

2. 汉字的规范化

汉字的规范化包括四项工作，就是俗称的"四定"，即定量、定形、定音、定序。

定量指的是规定汉字的数量。汉字究竟有多少个，我们无法说清楚，但是在日常生活中，我们常用到的汉字并不多。国家汉字研究机关通过整理，制定了《通用字表》，对其进行规定。1955 年，文改会发布了《通用字表（初稿）》，收字 5709 个；1965 年公布《印刷通用汉字字形表》，收字 6196 个；1981 年，国家标准局发布《GB2312–80 信息交换用汉字编码字符集基本集》，收字 6763 个；1988 年国家语委和国家新闻出版署发布的《现代汉语通用字表》，收字 7000 个。

定量工作进一步缩小了汉字日常学习的范围，但是对于姓氏方面，还有待进一步总结。

定形指的是规定汉字的标准字形。定形是汉字简化后的一项重要内容。在简化汉字后，为了保持字形的稳定，必须规定出标准字形，减小异体字存在的空间。1955年，文化部和文改会公布了《第一批异体字整理表》废除异体字1055个；1956年《第二批异体字整理表》，废除异体字766个；又在1965和1967年公布新的《异体字整理表》来征求各界的意见。定形除了针对异体字之外，还要整理异形词，如人才与人材、唯一与惟一等。教育部和国家语委于2001年12月18日发布《第一批异形词整理表》，整理异形词338组。

定音是指规定汉字的标准读音。长期以来，汉字存在口语和书面语读音不统一的现象；也有一个字有两个读音，

但这个字又不是多音字，两个读音用法完全相同的现象。1957 年、1959 年和 1962 年普通话审音委员会三次发表《普通话异读词审音表初稿》征集各方意见，后于 1963 年发布《普通话异读词三次审音总表初稿》，经重新修改后，国家语委、国家教委、广播电视部于 1985 年正式发布《普通话异读词审音表》，为推广普通话奠定了基础。

定序指的是规定汉字的排列顺序，以便检索。传统的汉字排列法主要有三种：义序法、音序法和形序法。义序法属于传统字书的排列方法，目前已经不用了，今天大多数的字书都采用后两种方法。

音序法，是根据汉字字音来排列的方法。这种方法通常结合形序法共同使用，因为汉字中的同音字很多，这样用音序法就无法做到尽善尽美。遇到这样的情况，通常先以笔画的多少为标准，笔画少的排在笔画多的前面。如果笔画数一样多，那么就按笔顺排列。

音序法中一旦遇到不认识的字就需要用到形序法。形序法分为笔画法、部首法和号码法。

笔画法包括札字法、丙字法和江天日月红法。例如笔画相同的字按照札字法排列，就是按照"横、竖、撇、点、折"的顺序。如"干"和"于"，二字笔画相同，笔顺的第一笔和第二笔也相同，但干的第三笔为竖，于的第三笔为折，那么干就应该排在于的前面。

部首法首先要将部首排列出来，部首按照笔画法进行排列，然后将属于同部首的字也按笔画法排列出来。

号码法是按字形确定号码排列汉字的方法。常用的号码法是四角号码。这种方法是将汉字的笔形编为数字，口诀为：1 横，2 竖，3 点捺，4 叉（十），5 插（扌、丰），方块 6，7 角（冂、阝），8 八（人、

入），小是 9，点下加横变 0 头。四角的先后顺序是左上右上，左下右下。如"端"字，左上为"点下加横"，号码是 0；右上为竖，号码是 2；左下为提，近于横，号码是 1；右下为竖折，号码是 2，"端"字的编号是 0212，可以通过这个号码来查找"端"。

以上几种排列方法，各有特色，互相补充，每一种方法都有自身的优势，掌握多种排列法可以在查询时做到游刃有余。